Les mangas

Jeannie Lee

VIGOT

L'art du manga

« Manga » est le mot japonais pour « bande dessinée » ; littéralement, il signifie « images fantaisistes ». En règle générale, ce terme s'applique de façon générique aux bandes dessinées présentant des similitudes avec les bandes dessinées japonaises, même si elles n'ont pas été créées au Japon. Il existe quatre grandes catégories de mangas : *shônen*, *shôjo*, *seinen* et *josei*. Les *shônen manga*, destinés aux jeunes garçons, regorgent d'action et incluent généralement des thématiques sportives, de science fiction ou d'*heroic fantasy*. Avec pour thème l'amour, la comédie et les événements liés au passage à la vie adulte, les *shôjo manga* s'adressent plus particulièrement aux préadolescentes et aux adolescentes. Les hommes adultes, quant à eux, se tournent plutôt vers les *seinen manga*, qui s'articulent autour d'intrigues professionnelles, policières, historiques et militaires. Enfin, les jeunes femmes et les femmes d'âge moyen lisent des *josei manga*, qui traitent de la vie professionnelle, de la famille et d'histoires d'amour. Il existe aussi des mangas pour les amateurs de cuisine, les passionnés de jeux vidéo et d'autres loisirs.

La plupart des mangas sont créés au Japon et traduits pour des lectorats étrangers, mais une production significative existe dans d'autres pays comme la Corée, la Chine, la France et les États-Unis. Grâce à cet ouvrage, à vous de découvrir l'art du manga, de créer le vôtre et d'intégrer cette communauté internationale qui ne cesse de se développer !

Astuce

Au Japon, le *mangaka*, ou auteur de manga, travaille avec des assistants en charge des finitions, des seconds plans et des trames. La plupart des auteurs de manga débutent comme assistants, mais il est aussi possible de se faire connaître par le biais de compétitions. Vous aussi, vous pourriez devenir *mangaka* !

Matériel

Voici une présentation du matériel nécessaire à la création d'un manga :

Crayons

Un crayon HB est particulièrement recommandé pour les débutants, mais vous souhaiterez peut-être tester d'autres mines de dureté variable. Commencez par un crayon bleu inactinique pour les premiers croquis et veillez à ce que vos crayons soient bien taillés. Utilisez une gomme pour effacer les erreurs et les traits non désirés.

Stylos

Utilisez un stylo pour encrer vos dessins. Vous pouvez tester différents types de stylos – porte-plume, feutre et stylo-bille – pour des effets variés. Il est recommandé d'employer de l'encre résistante à l'eau pour des résultats plus durables.

Règles

Pour tracer des bordures et des lignes droites, utilisez un double décimètre standard. Vous pouvez également envisager de faire l'acquisition d'une équerre, d'un rapporteur ou de pochoirs pour le tracé d'angles et de courbes. Si vous travaillez à l'encre, privilégiez une règle dotée d'un bord antitache pour éviter les transferts d'encre.

Couleurs

Marqueurs, crayons de couleur ou applications numériques vous serviront à ajouter de la couleur à vos créations.

Papier

Jamais sans… mon carnet de croquis ! Il vous sera utile pour croquer vos idées ou commencer à jeter les bases de vos scénarios. Pour un fini plus soigné, optez pour du papier blanc à fort grammage avec un couché lisse, comme du bristol.

Trames

Vous pouvez recourir à des trames autocollantes pour ajouter textures et ombres à vos dessins. Découpez la trame, ôtez la feuille de son support et placez-la sur votre dessin. Frottez-la avec un brunissoir pour qu'elle adhère bien au papier. Ôtez la trame en excès avec une gomme à trame.

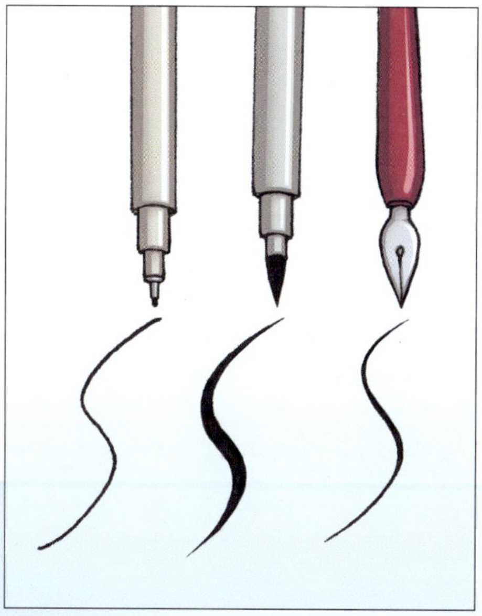

La trousse idéale **Utilisez des crayons à pointe fine pour tracer des lignes régulières. Pour accentuer certains éléments de l'image, repassez dessus avec un feutre. Les stylos-plume, quant à eux, autorisent toute une palette de largeurs de traits, en fonction de la pression exercée.**

Bord antitache

Sur une règle, un bord antitache aménage un espace entre la règle et le papier, qui empêche l'encre de couler sur le papier et de le tacher. Si vous n'arrivez pas à vous procurer ce type de règle, fabriquez-en une en collant des pièces de monnaie avec du ruban adhésif au dos de la règle.

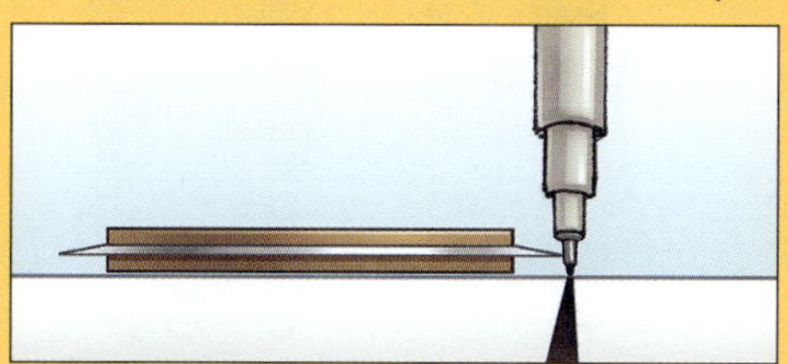

Règle avec bord antitache

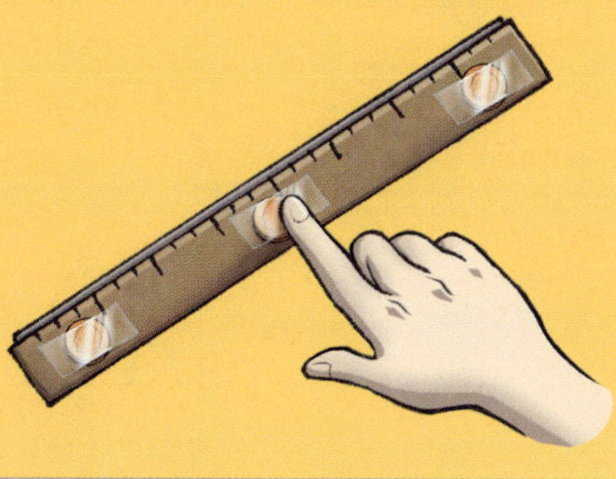

Fabrication d'un bord antitache

Les formes de base

Avant de vous lancer dans votre dessin, il est indispensable d'acquérir certaines bases. Une image, quelle qu'elle soit – photographie d'un modèle vivant ou personnage découpé dans votre manga préféré –, peut être déconstruite ou décomposée en un ensemble de formes et de lignes élémentaires qui la sous-tendent. Utilisez ces formes de base – cercles, carrés, cylindres – pour créer la forme de votre personnage. La décomposition de formes complexes en formes élémentaires aide les dessinateurs à comprendre les raisons pour lesquelles certaines formes se meuvent de telle ou telle manière. Elle facilite également les retouches de proportion ou de déformation. Ceci étant dit, ne vous noyez pas dans les détails : ici, il s'agit simplement d'apprendre à créer un personnage étape par étape.

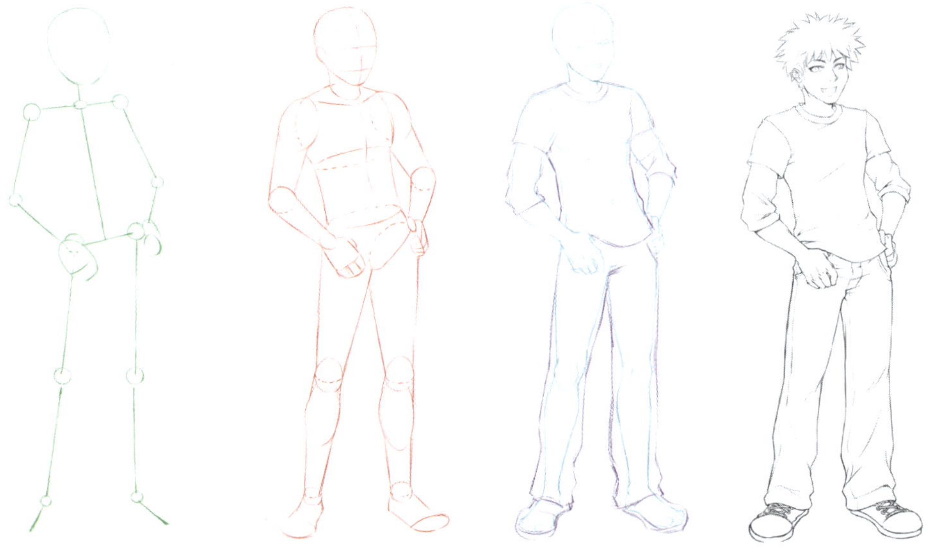

Étape 1
Partez d'une structure de squelette simple. Identifiez la tête et les articulations par des cercles, et les parties principales du corps par des traits définissant la posture. Déterminez la hauteur et les proportions.

Étape 2
Définissez les formes de base en vous servant des traits de structure comme repères. Employez des formes simples comme les cercles et les cylindres pour « donner corps » à votre personnage.

Étape 3
Étoffez le développement de votre personnage, vêtements inclus. Le fait de vous appuyer sur le croquis approximatif réalisé à l'étape précédente devrait vous rendre la tâche plus facile.

Étape 4
Dessinez les traits du visage, les cheveux et finalisez les vêtements. Ensuite, passez à l'encre les contours de votre dessin.

Étape 5
Ajoutez de la couleur à votre dessin.

Astuce

Exercez-vous à partir de vos mangas préférés. Essayez de décomposer les personnages en formes élémentaires. Petit à petit, vous serez en mesure de réaliser cet exercice d'un simple regard, sans avoir besoin de passer par le papier et le crayon.

Les ombres

Une fois que vous avez défini les formes de base et les détails, vous pouvez leur ajouter de la profondeur grâce aux ombres. Créez l'illusion de la 3D sur un objet en 2D au moyen de contrastes de *valeurs*, c'est-à-dire la nuance de clair ou de foncé d'une couleur ou d'un noir. Prêtez attention aux dégradés de valeurs dans les lumières et les ombres sur le dessin de l'œuf ci-contre et dans l'image colorée ci-dessous. Vous pouvez créer des ombres au crayon, à l'encre, à la trame ou avec toute autre technique de coloriage.

Hachures **Les hachures, c'est-à-dire le tracé de traits parallèles, constituent la technique la plus simple pour créer des ombres.**

Lumières et ombres
Le *rehaut* correspond à la valeur la plus claire, à l'endroit où la source de lumière (voir p. 6) frappe directement l'objet. Il est entouré d'une zone *gris clair*, tandis que le *gris moyen* renvoie à la couleur effective de l'œuf, sans rehaut ni ombre. L'*ombre portée* est l'ombre que l'objet projette au sol ; l'*ombre propre* est l'ombre figurant sur l'objet lui-même. La *lumière réfléchie* est projetée sur l'objet à partir de la surface sur laquelle il est posé.

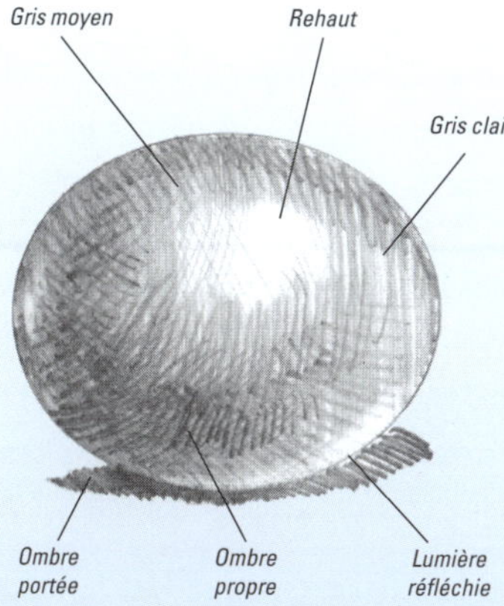

Coloration

Pour ajouter de la couleur, procédez par couches, des couleurs les plus claires aux ombres les plus foncées. Veillez bien à appliquer vos coups de crayon dans la même direction et laissez les rehauts les plus clairs en blanc. Utilisez des marqueurs pour reproduire le style des mangas japonais. Vous pouvez également recourir aux crayons de couleur ou encore aux techniques numériques pour créer des transitions et divers effets de lumière.

Encrage

Ce terme est utilisé pour les dessins au trait ou renvoie au fait de recourir à un stylo ou une encre pour finaliser un dessin. L'encrage contribue à préserver vos dessins. Des lignes de largeur différente créent une illusion de texture et contribuent à ajouter de la profondeur au dessin. Vous pouvez commencer avec un marqueur noir, mais n'hésitez pas à expérimenter différents types de crayons et de stylos. Les porte-plumes sont dotés de plumes interchangeables ; les feutres créent des lignes épaisses. Les stylos-plume garantissent un écoulement plus régulier de l'encre, tandis que les stylos-bille autorisent des tracés doux et subtils.

Porte-plume

Feutre

Stylo-plume

Stylo-bille

La composition

Avant de commencer à dessiner, appréhendez l'image comme un tout : format, perspective, points de convergence, lignes. Dans un manga, chaque plan raconte un élément de l'histoire, de sorte que vous gagnerez à songer au thème et au flux de votre dessin et à ce que vous cherchez à accomplir. Songez aux différentes orientations – portrait, paysage et autres formats – comme autant de perspectives pour vos effets visuels. Pour conduire l'œil du lecteur au cœur d'un dessin, pensez à inclure des points de convergence ou centres d'intérêt et recourez à divers styles de traits pour saisir l'atmosphère et l'action. Une planification en amont vous évitera des retouches importantes plus avant dans le processus.

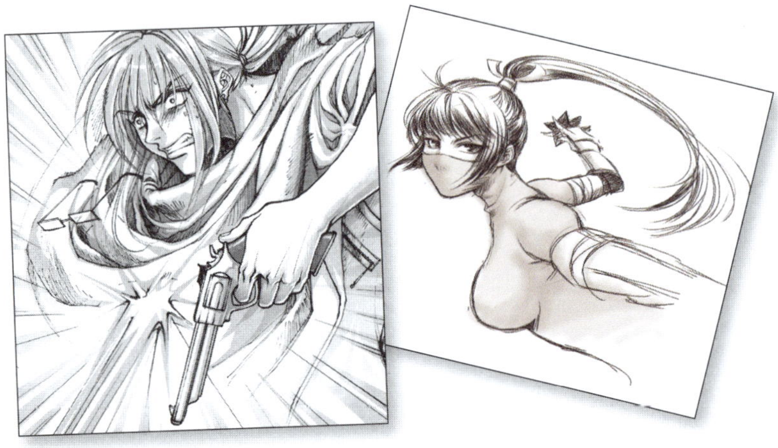

Des compositions captivantes Dans les deux dessins ci-dessus, les yeux des personnages et les armes constituent des points de convergence puissants. Les plis de la tunique de l'assassin conduisent les yeux du spectateur directement vers le centre du dessin, d'où rayonnent des diagonales qui suggèrent l'action. Le second dessin s'appuie sur la courbe formée par les cheveux du personnage, ainsi que sur des traits esquissés au premier plan, au niveau de l'avant-bras, pour suggérer le mouvement de l'étoile ninja.

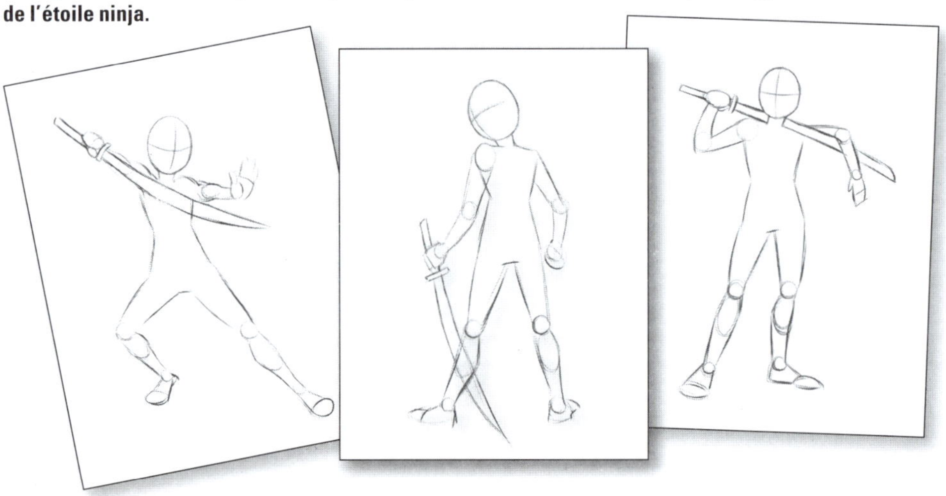

Réaliser des croquis Tout en réfléchissant aux formats, perspectives, points de convergence et lignes possibles pour votre dessin, réalisez des croquis pour vous aider à visualiser ces différents éléments comme autant de parties d'un tout. Choisissez entre faire un gros plan sur votre personnage et le dessiner en pied. Réfléchissez à la position du corps au sein de la page et testez différentes poses. L'objectif des croquis est de vous donner un instantané de votre dessin final, à la manière d'une carte que vous pourrez suivre et utiliser pour déterminer les éléments plus complexes, comme la composition et les poses. Privilégiez la rapidité et la spontanéité pour ces croquis afin de laisser libre cours à votre créativité.

Les sources de lumière

En travaillant sur la composition, décidez de l'endroit où placer la source de lumière sur votre dessin. Le sens et l'intensité de la lumière ont des répercussions sur l'apparence du sujet et influencent l'atmosphère de la scène. Les rehauts et les ombres suivent les déplacements de la source de lumière. Portez une attention particulière à la source de lumière lorsque vous créez les ombres sur votre dessin (voir p. 5). Notez les ombres propres sur les lumières de trois quarts et de dos. Les ombres propres ajoutent de la profondeur à une image.

Lumière de trois quarts Cette source de lumière crée des rehauts lumineux et des ombres très marquées conférant beaucoup de profondeur.

Lumière du dessus Ce personnage est éclairé du dessus. Ce type de lumière est parfait pour des scènes se déroulant en plein midi.

Lumière à l'arrière Ce type de lumière confère souvent une sorte de halo dans lequel les bords sont illuminés et les formes se découpent nettement.

Les lignes d'action

Au sein d'une composition, différents types de lignes, telles les courbes et les diagonales, peuvent véhiculer des impressions d'action et de mouvement. La ligne d'action désigne une ligne imaginaire qui court sur la plus grande partie de la silhouette, en suivant généralement la courbure de la colonne vertébrale. Cette ligne d'action, ainsi que deux lignes plus petites – la ligne des épaules et la ligne des hanches –, définissent la pose d'un personnage. En outre, il peut s'avérer judicieux de tracer des repères pour le visage et les quatre principales articulations sur votre croquis initial. Ces structures vous aideront à définir rapidement et efficacement la pose d'un personnage. Pour comprendre comment ces lignes et ces articulations créent des poses, rien de tel que l'observation d'un corps humain, le vôtre ! Prenez différentes poses devant un miroir en pied et dessinez la ligne d'action, la ligne des épaules, des hanches, les principales articulations et les repères du visage.

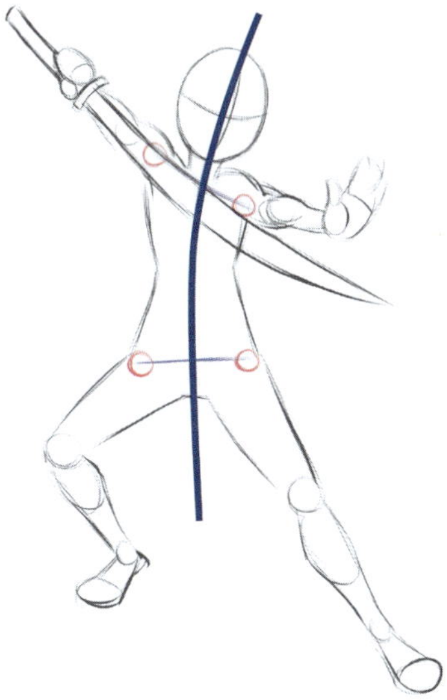

Ligne d'action La ligne d'action ci-dessus est tracée le long de la colonne vertébrale et suit l'inclinaison du cou et de la tête. En la définissant en premier, il vous sera plus facile d'imaginer le reste de la posture, car le corps suit l'orientation du buste et de la colonne.

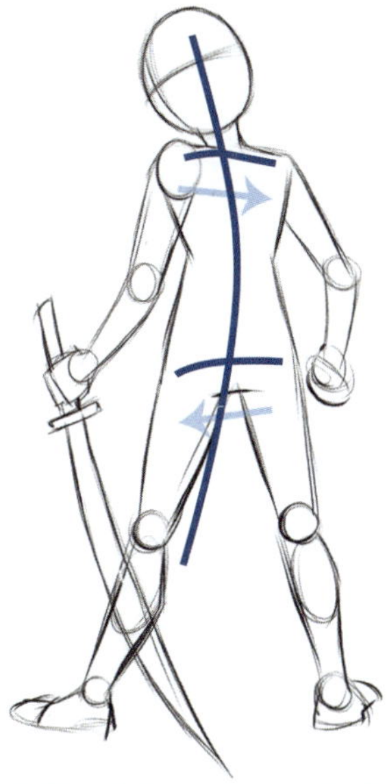

Lignes des épaules et des hanches Elles coupent la ligne d'action et définissent la position et l'origine du mouvement des membres. Le tracé de ces lignes en complément de la ligne d'action établit une base pour les mouvements des membres du corps.

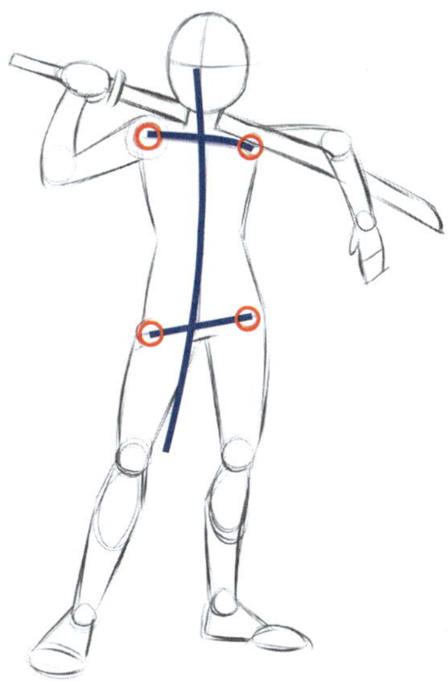

Lignes d'inclinaison Inclinez la ligne des épaules et des hanches dans des directions opposées pour créer des poses intéressantes. Vous obtenez ainsi une dynamique subtile, par opposition à la pose d'un personnage dont les épaules et les hanches sont parallèles au sol.

La perspective

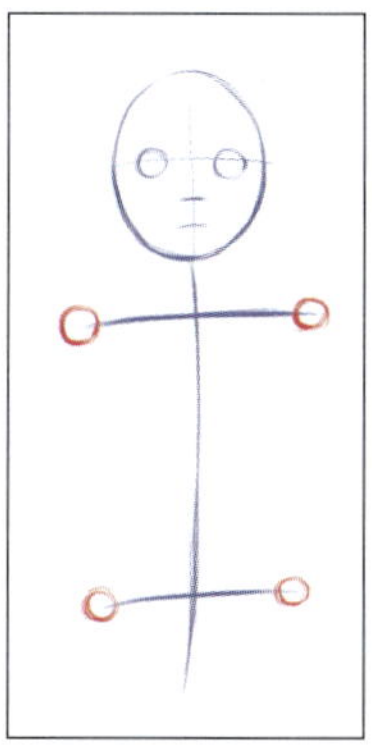

Vue de face
De face, lorsque le sujet est debout et regarde devant lui, la ligne des hanches et des épaules est parallèle et les quatre articulations principales sont de même taille. Chez les hommes, la ligne des épaules est généralement plus longue que la ligne des hanches, les hommes ayant des épaules plus larges que les femmes.

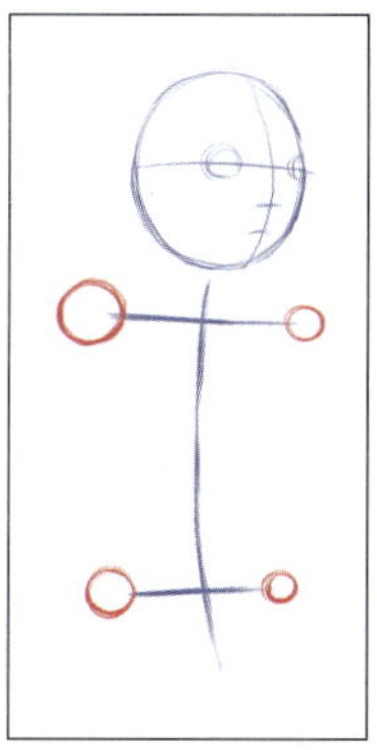

Vue de trois quarts
Sur ce schéma, la silhouette forme un angle de trois quarts, ce qui constitue la perspective la plus fréquemment dessinée. Notez que les articulations des épaules et des hanches (cercles rouges) les plus proches du lecteur sont plus grandes que les autres (voir page 12 pour d'autres exemples).

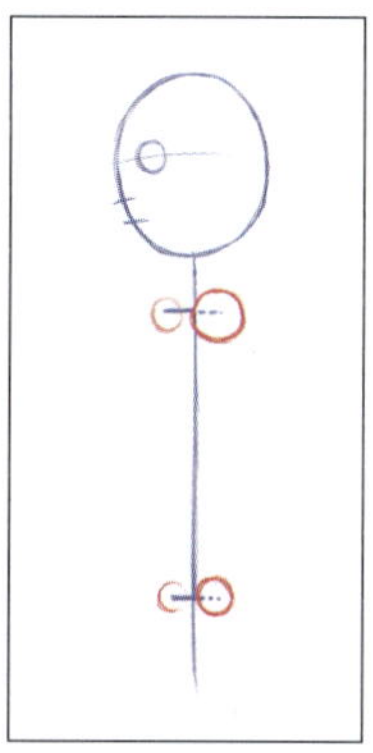

Vue latérale
La vue latérale est difficile à dessiner, car seules la ligne d'action et les articulations les plus proches du spectateur sont visibles. Le mieux est de dessiner le sujet dans son ensemble et de placer toutes les lignes et les articulations. Si vous arrivez à visualiser la structure dans sa totalité, vous parviendrez mieux à rendre l'illusion de la 3D.

Dessiner les têtes

Sur un dessin, la tête constitue probablement la partie la plus importante, dans la mesure où elle est le siège des émotions et du caractère du personnage. Observez les schémas ci-contre pour prendre conscience des rapports et des proportions entre les éléments du visage. Certains dessinateurs préfèrent recourir à des proportions plus proches de celles du visage humain pour un effet plus réaliste ; d'autres privilégient des traits stylisés avec des yeux agrandis et un large front. Une fois que vous aurez compris les formes et les proportions fondamentales d'un visage réaliste, vous pourrez vous affranchir de ces règles et opter pour un style plus extrême ou personnel.

Dessin naturaliste

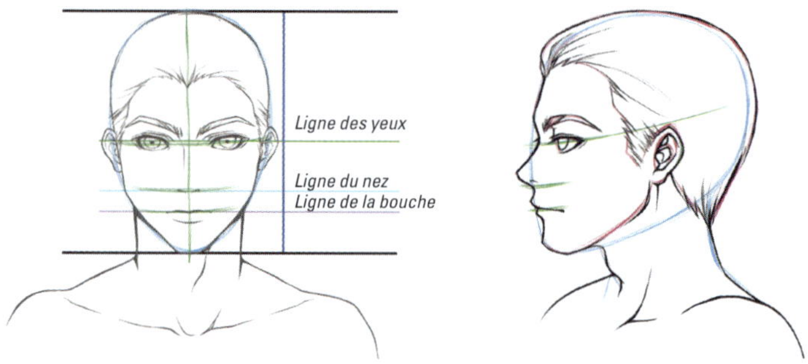

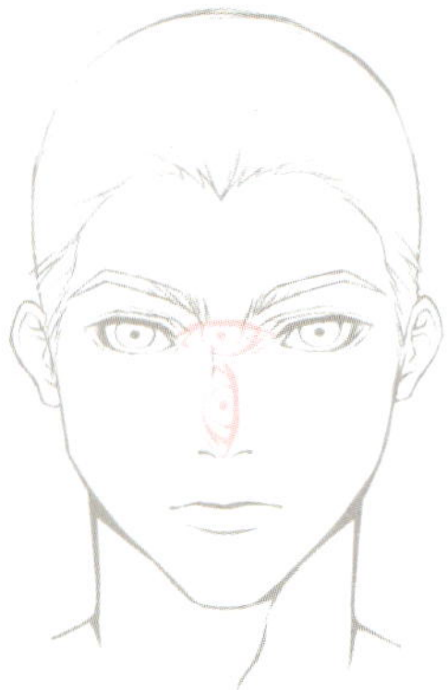

La zone T **Une technique simple mais efficace pour mesurer l'écartement des yeux consiste généralement à utiliser l'œil lui-même. En règle générale, l'écartement entre les yeux est à peu près équivalent à la longueur d'un œil. Il existe un espace similaire entre l'arête et le bout du nez. Notez cependant qu'il ne s'agit que de moyennes : votre style peut en décider autrement !**

Dessin stylisé

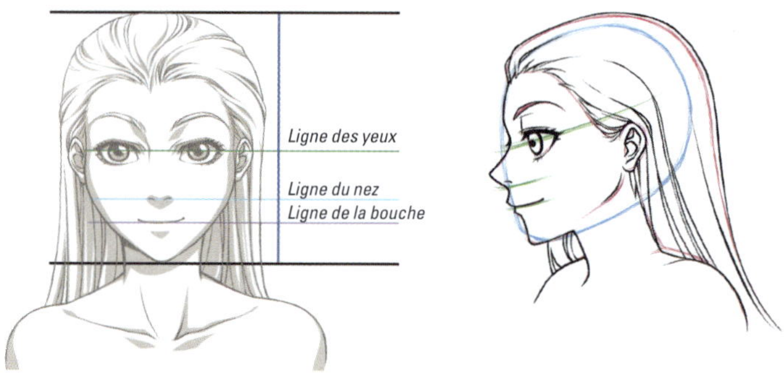

Étape 1

Pour dessiner une tête, commencez par tracer la forme de base, généralement un ovale. Reportez-vous à l'encadré « Les formes de tête », page 11, pour d'autres exemples.

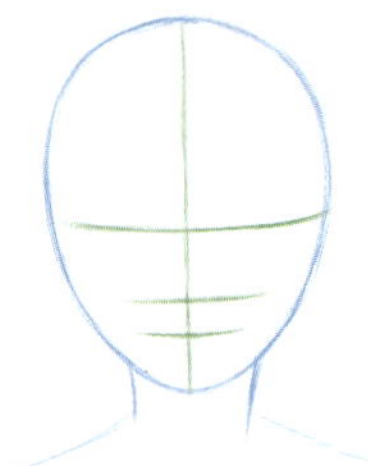

Étape 2

Une fois définie la forme de la tête, esquissez les repères correspondant aux traits du visage : une croix pour la ligne des yeux et la zone T, et des lignes horizontales plus courtes pour l'emplacement du nez et de la bouche.

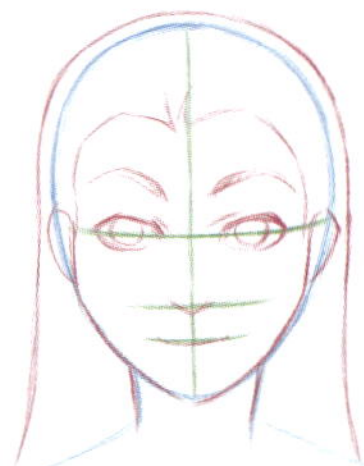

Étape 3

Esquissez les traits du visage : yeux, oreilles, nez, bouche, sourcils, cheveux. Veillez à ne pas trop appuyer, dans la mesure où les lignes foncées sont difficiles à gommer et peuvent abîmer le papier.

Étape 4

Encrez votre dessin ou faites-en un dessin au trait. Ajoutez les derniers détails, comme les cils. Certains dessinateurs appliquent directement la couleur sur un croquis finalisé ; d'autres préfèrent passer préalablement par le dessin au trait.

Étape 5

L'ajout de la couleur constitue l'étape finale. À vous de choisir la technique qui vous convient le mieux (voir page 5).

Dessiner les cheveux

Bouclés, raides, en crête… Il existe de nombreuses façons de dessiner les cheveux. En outre, les coupes ou les coiffures peuvent être interprétées différemment selon le style de l'artiste. Certains dessinateurs privilégient l'approche réaliste avec abondance de détails ; d'autres optent pour une approche stylisée, se limitant aux lignes de contour. Vous pouvez aussi esquisser simplement la chevelure sans rehauts ni ombres si un personnage a les cheveux foncés. Les possibilités sont innombrables !

Coupe et personnalité Les cheveux peuvent jouer un rôle important dans la définition d'un personnage. Ainsi, vous pouvez représenter une adolescente *shôjo* avec des boucles rebondies et un jeune héros rebelle avec des mèches effilées et une crête. Accentuez les traits angulaires d'un « dur » avec une coupe courte, voire rase, avec les tempes dégagées et des pattes.

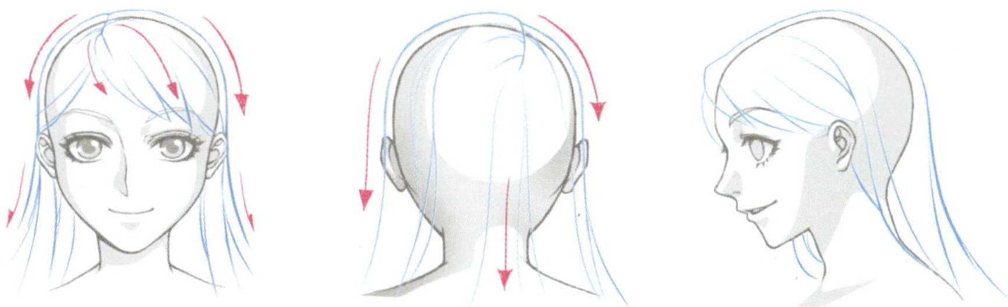

Cheveux et gravité Sur cette illustration, les cheveux sont transparents, de manière à vous permettre de visualiser comment ils se placent autour de la tête et retombent dans le cou. Gardez à l'esprit que la gravité définit la façon dont les cheveux retombent. Décidez de l'endroit où placer la raie (ici sur le côté) et dessinez le tombé des cheveux depuis ce point.

Cheveux et forme de tête Il existe un lien étroit entre le crâne, la tête et les cheveux. La forme du crâne définit celle de la tête et celle-ci affecte le volume et le sens de pousse des cheveux. Certains personnages ont des cheveux volumineux tandis que d'autres les attachent ; le vent, lui aussi, peut influencer le tombé d'une chevelure. Dessinez toujours les cheveux autour de la forme de la tête et prenez en compte les effets de la gravité.

La texture des cheveux

Pour représenter différentes textures de cheveux et styles de coiffure, il est important de comprendre comment les mèches de cheveux bougent. Les coupes naturelles ont une forme et un volume différents des coiffures crêpées ou bouclées ou des coupes négligées.

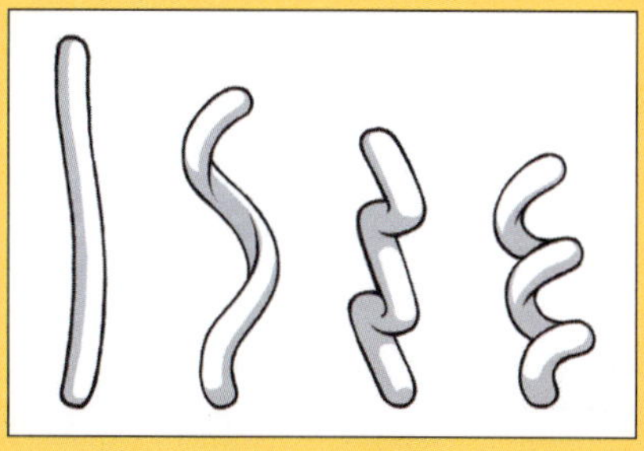

Les traitements Imaginez chaque mèche de cheveux comme un ressort. Lorsqu'elle est étirée, sa longueur est maximale. Des ondulations, des boucles la font remonter. Souvenez-vous que les cheveux se composent d'une multitude de mèches.

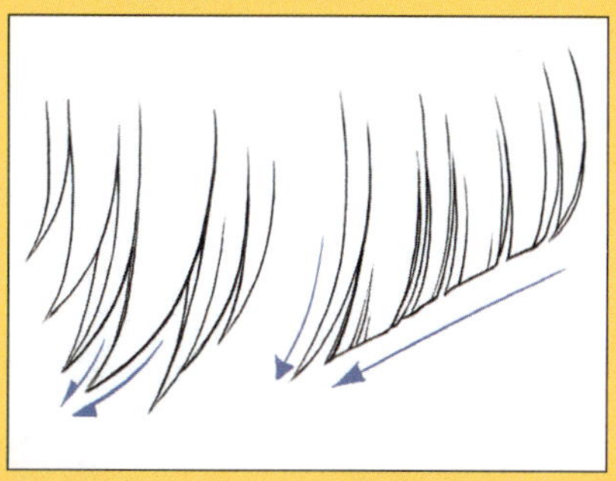

Les pointes Sur la plupart des coupes de cheveux, les extrémités sont dessinées sous forme de pointes ou de touffes (à gauche). Vous pouvez dessiner des pointes égalisées, comme à la sortie de chez le coiffeur (à droite).

Dessiner les traits du visage

Dans un manga, l'histoire se déroule en partie sur le visage des personnages, grâce à toute la palette des émotions qu'ils vivent. Précédemment, vous avez découvert les proportions et les rapports entre les traits du visage. Voyons maintenant comment ils interagissent pour donner vie à un personnage.

Les yeux

Les yeux sont indubitablement la partie la plus expressive du visage d'un personnage ; il existe d'innombrables manières de les dessiner. Quelques exemples sont présentés ci-dessus. Notez comment les yeux attirent l'attention et définissent le personnage. L'homme aux petits yeux de fouine pourrait être un méchant, tandis que le garçon aux grands yeux ronds trouverait tout à fait sa place dans un manga *shôjo*. Expérimentez différents styles tout en songeant au type de personnage que vous voulez dépeindre. Des facteurs comme l'âge, l'ethnie et la personnalité peuvent aussi affecter les yeux.

Le nez et la bouche

Le nez ne bouge pas de la même manière que la bouche ou les yeux, mais il participe de la symétrie générale du visage et de la personnalité. Certains artistes considèrent que le dessin d'un nez est difficile mais, parfois, seuls deux petits points, des traits courts ou l'ombre suggérée du nez suffisent. Gardez aussi à l'esprit que les hommes ont généralement des nez plus proéminents que les femmes. La bouche est ce qui fait qu'un personnage sourit, a l'air renfrogné, rit ou crie. Comme pour les yeux et le nez, il existe d'innombrables manières de dessiner une bouche, de simples traits à une bouche pleinement définie avec des fossettes. Certains artistes font aussi le choix de ne pas dessiner du tout de nez, notamment pour les *chibi*, où le nez joue un rôle mineur.

Les sourcils

Les sourcils jouent eux aussi un rôle important dans le rendu d'une expression. Faits de poils, ils ont généralement la même couleur et le même aspect que les cheveux. Mais rien ne vous empêche de dessiner des sourcils noirs et broussailleux à un petit homme chauve. La modification de la forme du sourcil est une technique efficace pour dépeindre les émotions. Ainsi, si les deux sourcils pointent nettement vers le centre du visage, le personnage a alors l'air très en colère. Lorsqu'ils pointent vers le haut, ils peuvent exprimer la surprise ou le choc. Vous pouvez vous entraîner sur vous : placez-vous devant un miroir et réalisez différentes mimiques, en portant attention à chaque fois à la position des sourcils.

Sourcil anguleux

Sourcil touffu

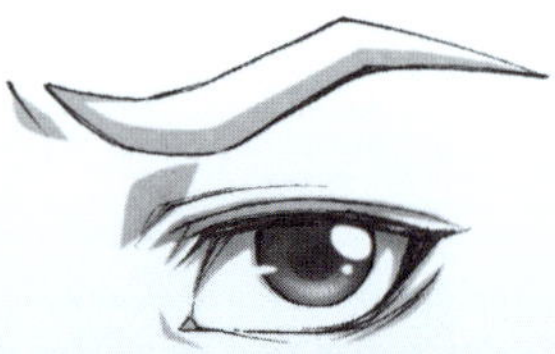

Sourcil arqué

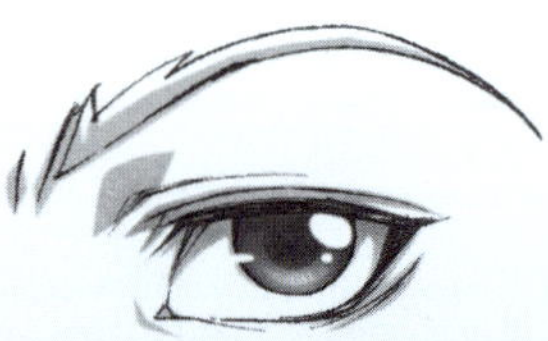

Sourcil arrondi et mince

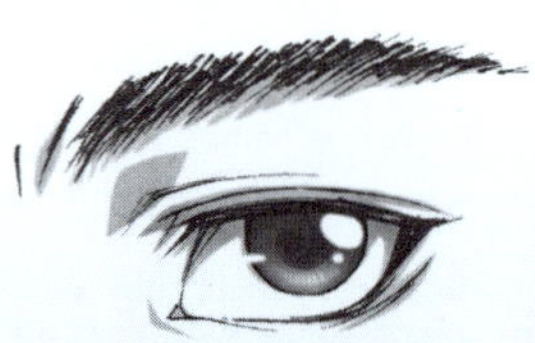

Sourcil réaliste

Dessiner des expressions Vous allez maintenant rassembler tous les éléments pour créer des expressions différentes. Le personnage de gauche, ci-contre, exprime tout un registre d'émotions : joie, tristesse, gêne, désapprobation, indignation, intrépidité. Même si les expressions changent, le personnage doit rester clairement reconnaissable dans tous les dessins, avec des traits cohérents, sous peine sinon de risquer d'être confondu avec d'autres personnages. Un excellent exercice consiste à dessiner un personnage en proie à toute une palette d'émotions, en veillant bien à ce qu'il reste cohérent quelle que soit son expression.

Astuce

Le meilleur moyen de vous entraîner consiste à observer et à dessiner à partir de la vie réelle. Si l'un de vos amis aime aussi dessiner, l'un de vous peut prendre différentes expressions et l'autre en réaliser de rapides croquis. Vous pouvez également regarder comment s'y prennent vos auteurs de mangas préférés pour rendre les émotions et les expressions.

Les formes de tête

La forme de la tête en dit long sur le caractère d'un personnage. La forme la plus courante est l'ovale, mais il existe d'autres possibilités. Les trois formes élémentaires en dessin, quel que soit le sujet, sont le cercle, le carré et le triangle. Expérimentez et combinez ces différentes formes pour créer des formes de tête singulières et expressives.

Ovale La plupart des personnages ont une tête ovale.

Triangulaire Cette forme en triangle aux angles prononcés est parfaitement adaptée aux méchants.

Carrée Réservez cette forme à des personnages forts et robustes.

Ronde Les personnages comiques ont souvent des têtes rondes.

Les corps masculins

La compréhension du corps humain est essentielle pour devenir un dessinateur de manga, car les corps jouent un rôle prédominant dans cette forme d'art centrée autour des personnages. Les schémas ci-dessous donnent une vue d'ensemble de la silhouette masculine standard. Bien qu'il existe différents types de corps masculins – minces, gros, massifs – ma préférence va aux silhouettes assez minces aux épaules larges et à la taille fine. Je privilégie aussi les lignes anguleuses, une définition prononcée des muscles, ainsi que les formes géométriques pour exprimer force et fermeté. Les repères ci-dessous illustrent comment utiliser la tête comme unité de mesure. En général, la taille d'un personnage est équivalente à sept fois celle de sa tête. Ces proportions s'appliquent aux quatre vues ci-dessous – de face, de trois quarts, de côté et de dos. Par ailleurs, la partie supérieure du corps masculin est en générale plus large que la partie inférieure.

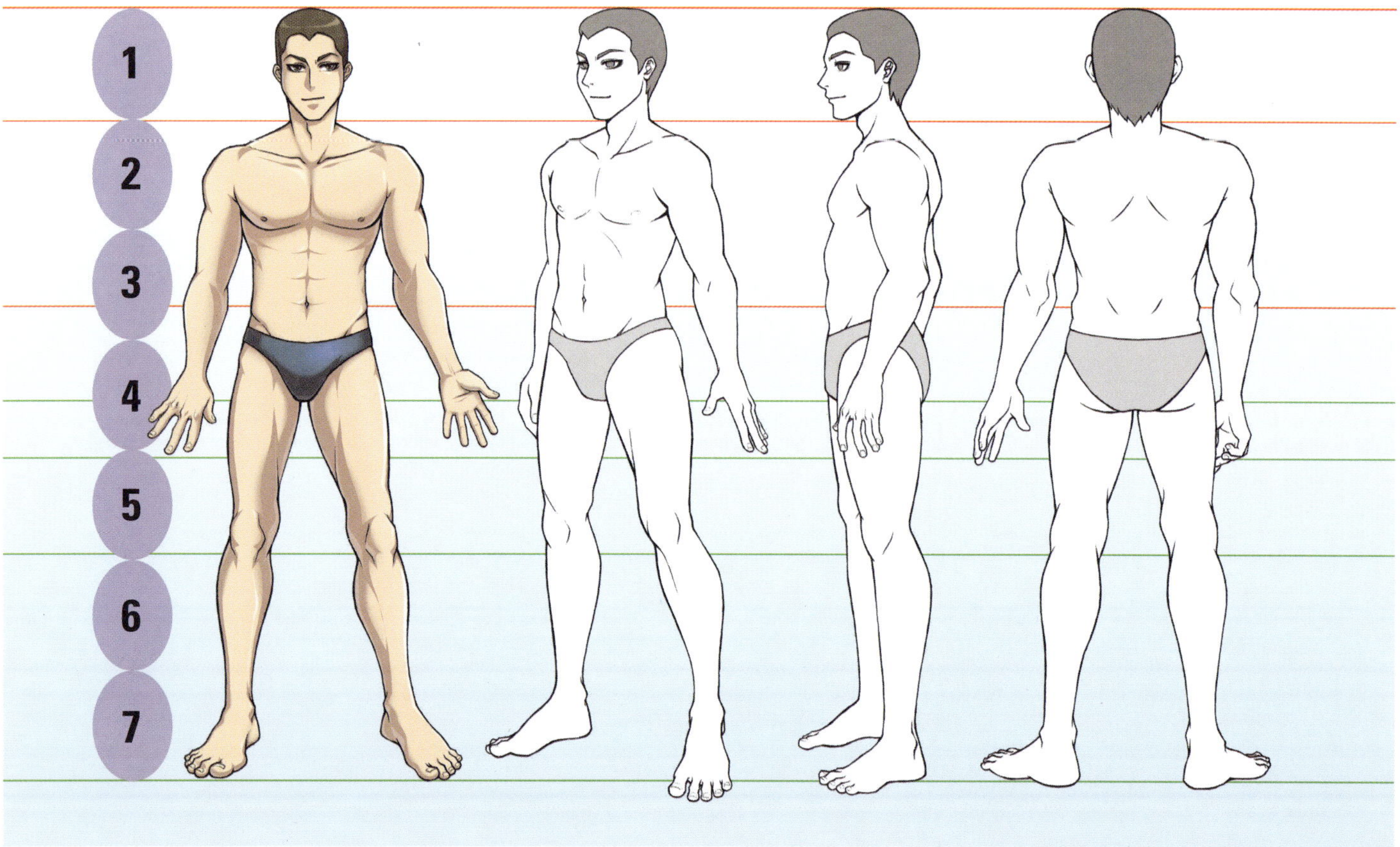

Silhouette masculine vue du dessus
Vu du dessus, le corps masculin est *raccourci*. Le sommet de la tête et les épaules sont larges, tandis que le reste du corps est dessiné au moyen de lignes de plus en plus petites, pour exprimer profondeur et distance.

Silhouette masculine assise
Dans toutes les poses possibles et imaginables, il existe une constante : la longueur et la taille des parties du corps ne changent jamais. Raison pour laquelle les formes de base et les lignes d'action vous aident à dessiner des proportions et des poses complexes.

Les corps féminins

Les corps féminins que je dessine sont généralement minces et fermes, ni trop fins ni trop voluptueux. Néanmoins, la silhouette d'un personnage féminin varie aussi avec l'âge : ainsi les femmes adultes ont généralement des formes plus prononcées que les adolescentes. Tandis que le haut des corps masculins est généralement plus massif que le bas, les femmes ont des formes plus arrondies et douces, notamment au niveau de la poitrine et des hanches. En outre, le poids est surtout localisé dans la partie inférieure du corps. La taille d'un personnage féminin est aussi équivalente à sept fois celle de sa tête. Cependant, si vous dessinez côte à côte un personnage masculin et un personnage féminin, le premier sera plus grand, car la tête de la femme est plus petite, de sorte que le personnage féminin sera généralement de taille inférieure.

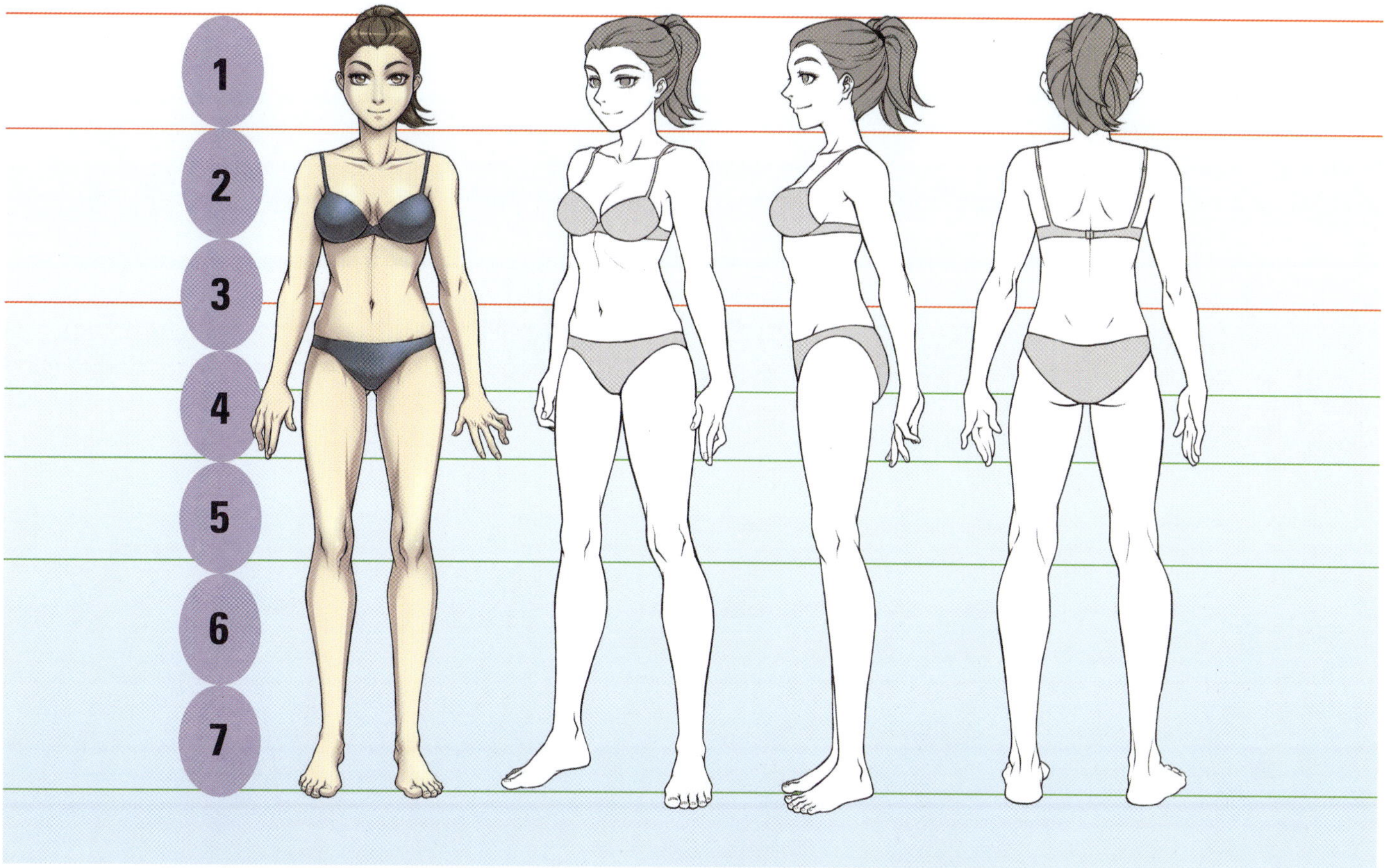

Silhouette féminine vue du dessus Comme pour le corps masculin, la partie inférieure du corps féminin semble plus petite et plus éloignée.

Silhouette féminine à plat ventre Dans ce type de pose, la tête et les mains du personnage féminin sont plus près du spectateur. La partie inférieure du corps est plus petite, étant plus éloignée ou raccourcie. L'angle formé par la position du corps facilite également la définition du raccourcissement.

Les types de corps

Une fois que vous vous êtes familiarisé avec les règles élémentaires relatives aux proportions et au raccourcissement (pages 12 et 13), vous pouvez dessiner tous les types de corps jeunes et adultes dans toutes les poses. Vous pouvez également choisir d'exagérer certaines silhouettes ou de déformer certaines parties du corps (page 15).

En outre, peut-être souhaiterez-vous créer des personnages jeunes ou âgés, ou encore qui grandissent au fil de votre histoire. Pour dépeindre des personnages d'âges différents, notez que les lois fondamentales de la proportion restent valides. Néanmoins, il existe des différences importantes entre un corps d'enfant et un corps d'adulte. Un même personnage est illustré ci-dessous à différents âges, du bébé à la femme adulte. Notez comme sa tête est proportionnellement beaucoup plus grande pendant l'enfance qu'à l'adolescence ou à l'âge adulte. Notez également comment, avec l'âge, ses courbes tout comme ses muscles sont mieux définis. À mesure qu'ils grandissent, les personnages masculins également voient leurs muscles et leurs épaules se développer.

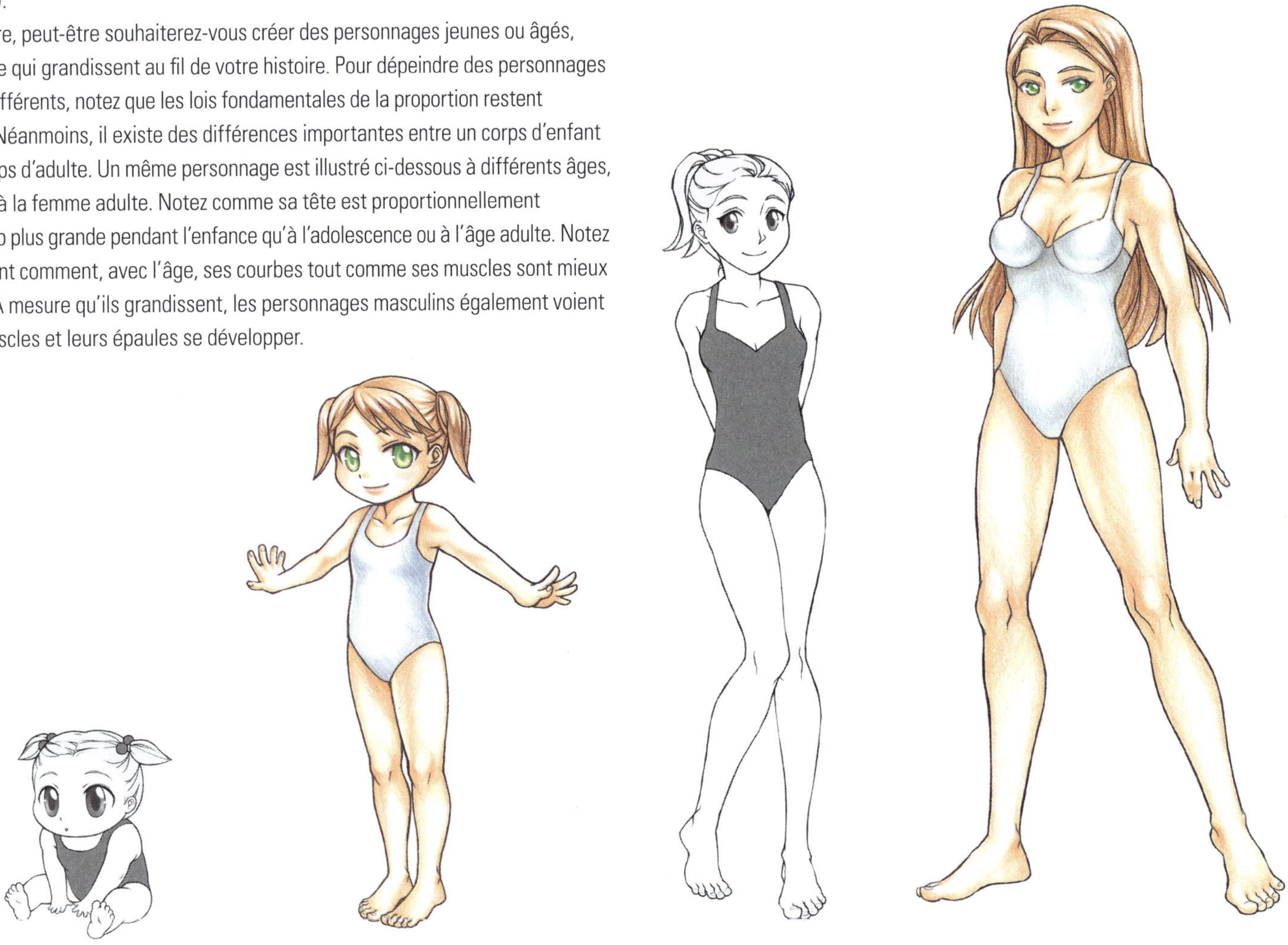

Bébé

À cet âge, garçons et filles se ressemblent généralement, surtout si vous ne prenez pas en compte les éléments définissant le genre, comme les vêtements. À la naissance, la tête des bébés est proportionnellement beaucoup plus grande que leur corps. Vous pouvez accentuer le jeune âge en dessinant une tête et des yeux très grands et des mains et des pieds très petits.

Enfant

Les jeunes enfants présentent souvent un corps potelé qui donne à leur buste et leur tronc une forme arrondie et des muscles peu définis. Si vous ignorez les caractéristiques de genre (vêtements, cheveux), garçons et filles peuvent encore être difficiles à distinguer. Les dessiner avec de grands yeux et une grande tête accentue l'impression de jeunesse.

Adolescent

À l'adolescence, la graisse se répartit de façon plus harmonieuse et la structure des muscles et des os devient plus proéminente. Une adolescente peut ainsi avoir de longues jambes et des courbes tout en gardant une silhouette et une taille fines. Les yeux peuvent être plus petits, ce qui là encore peut exprimer son âge au fil de l'histoire.

Adulte

À l'âge adulte, les os, les muscles et la forme « en sablier » du corps féminin sont bien marqués. Le personnage mesure aussi sa taille adulte, soit sept fois celle de sa tête.

Les chibis

Un concept récurrent dans les films d'animation et les mangas est celui de *chibi*. En règle générale, les chibis sont des caricatures plus petites et simplifiées de personnages ; ils apparaissent le plus souvent dans des situations légères et drôles. Le terme *chibi* signifie en japonais « personne de petite taille » ou « petit enfant ». Néanmoins, une version plus jeune d'un personnage n'est pas nécessairement un chibi. Les trois personnages ci-dessous constituent des versions chibis des personnages présentés page 9, dessinés sur un mode simplifié et ludique. Ils ont l'apparence de chibis et non d'enfants du fait qu'ils paraissent plus âgés que des enfants, mais qu'ils sont dessinés dans un style de dessin animé. Tout personnage peut être dessiné dans un style chibi, même le plus affreux des méchants !

Chibi au corps allongé Les chibis ne sont pas nécessairement petits et massifs. Vous pouvez créer des chibis dotés d'une grosse tête et d'un corps allongé. Les caractéristiques les plus frappantes d'un chibi sont la tête et les yeux, grands et disproportionnés. Les traits du visage sont aussi extrêmement simplifiés. Dans votre manga préféré, observez comment le chibis sont dessinés et entraînez-vous à en dessiner dans un style approprié.

Exagération Maintenant que vous avez acquis les bases du dessin des corps, n'hésitez pas à faire des essais et à vous affranchir de ces règles. De nombreux dessinateurs recourent à l'exagération pour accentuer les caractéristiques de leurs personnages. Le personnage masculin ci-contre à gauche est ainsi doté d'une musculature aussi impressionnante que son sourire ; le personnage à droite représente un lutteur de sumo. Si vous ôtez les muscles et la graisse de ces deux personnages, vous découvrez que les deux protagonistes sont similaires en termes de structure, même si le personnage musclé est dessiné majoritairement à partir de traits anguleux, tandis que les formes rondes prédominent chez le lutteur de sumo. Leur silhouette et leur visage reflètent leur personnalité.

Le héros masculin

La plupart des mangas d'aventure ont pour héros un personnage masculin mystérieux et ténébreux cherchant à accomplir une mission ou une quête honorable. Ce héros masculin peut sembler froid et distant, mais il symbolise les valeurs de persévérance, de confraternité et de justice.

Étape 1

Esquissez les formes de base du corps, la ligne d'action, les lignes des épaules et des hanches ainsi que les principales articulations. Finalisez la pose, les proportions, le raccourcissement et la perspective pour éviter des retouches ultérieures.

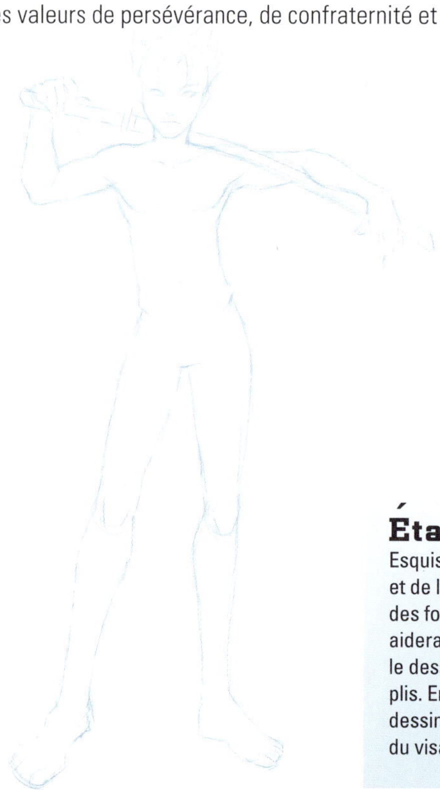

Étape 2

Esquissez les contours du corps et de l'épée. Le développement des formes du corps vous aidera ultérieurement pour le dessin des vêtements et des plis. En commençant par la tête, dessinez les cheveux, les traits du visage, les mains, les pieds.

Étape 3

Dessinez les vêtements, par traits légers, les lignes marquées étant difficiles à effacer. Travaillez par couche et dessinez chemise, manteau, pantalon. Ajoutez ensuite les accessoires, puis les chaussures.

Étape 4

L'esquisse terminée, passez votre dessin à l'encre pour obtenir un dessin au trait ou un dessin plus permanent. L'encrage vous oblige à finaliser votre dessin, ce qui facilitera un scan ou une coloration ultérieure.

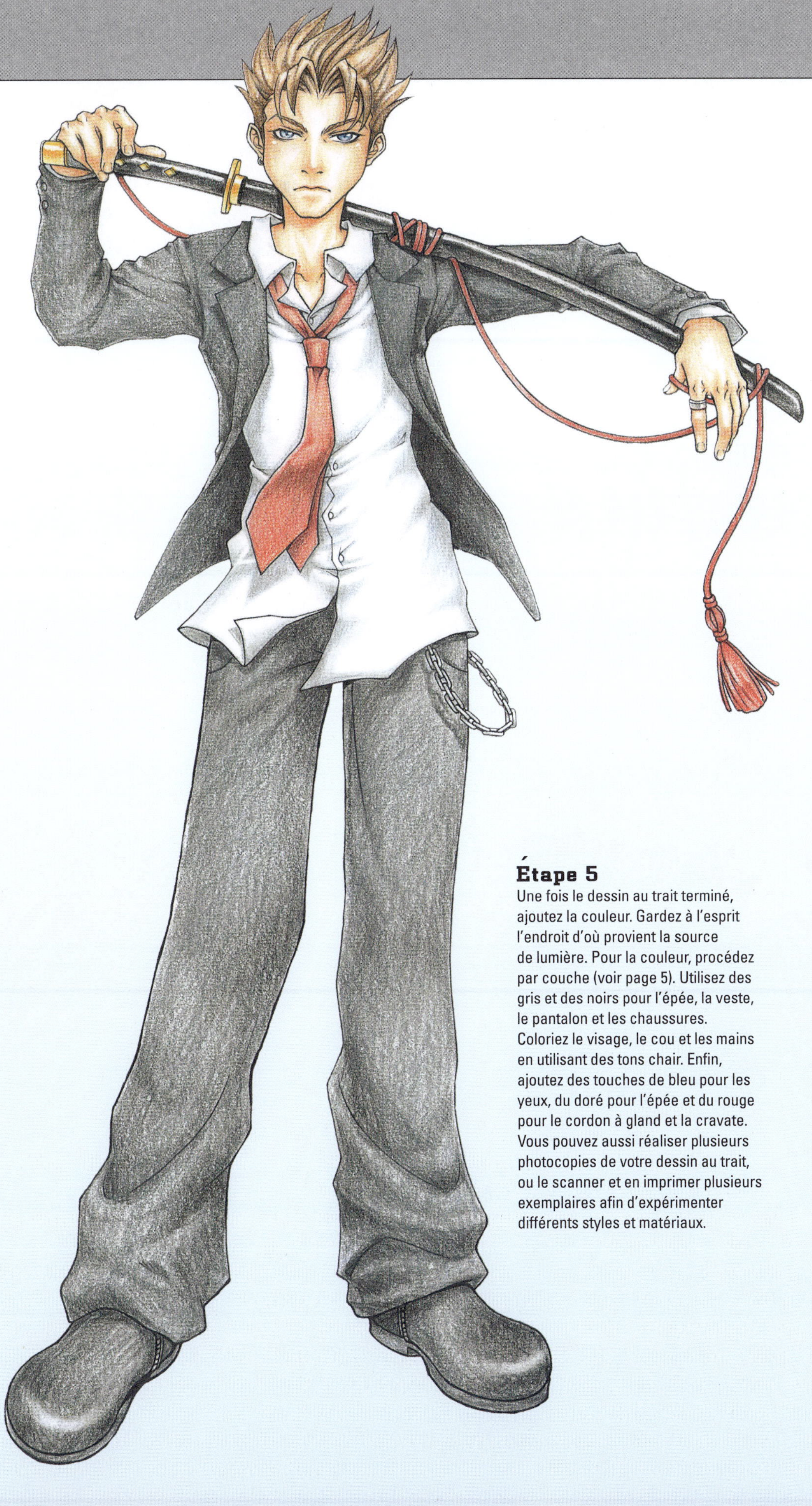

Étape 5

Une fois le dessin au trait terminé, ajoutez la couleur. Gardez à l'esprit l'endroit d'où provient la source de lumière. Pour la couleur, procédez par couche (voir page 5). Utilisez des gris et des noirs pour l'épée, la veste, le pantalon et les chaussures. Coloriez le visage, le cou et les mains en utilisant des tons chair. Enfin, ajoutez des touches de bleu pour les yeux, du doré pour l'épée et du rouge pour le cordon à gland et la cravate. Vous pouvez aussi réaliser plusieurs photocopies de votre dessin au trait, ou le scanner et en imprimer plusieurs exemplaires afin d'expérimenter différents styles et matériaux.

Techniques de finalisation

Des détails bien pensés et des contrastes peuvent donner de la vie à un personnage. Il n'est pas nécessaire de dessiner tous les détails sur le dessin au trait : les formes, la profondeur et les détails peuvent être rendus grâce à la couleur.

Détails **Sur le dessin au trait, les principaux détails doivent être dessinés, mais pour le nez, seules les narines sont esquissées.**

Couches **Procédez par couche pour la couleur, des teintes les plus claires aux plus foncées.**

Ombres et lumières **Accentuez les contrastes en assombrissant les ombres et en éclaircissant les zones claires ou rehauts.**

La collégienne

Très souvent, les *shôjo manga* ont pour héroïnes des collégiennes ou des lycéennes, dont les principales préoccupations tournent autour de l'école, des garçons et de leurs meilleures amies. Parfois, elles ont aussi des superpouvoirs, mais c'est à vous, *mangaka*, d'en décider !

Étape 1

Commencez par esquisser les formes de base du personnage. Veillez bien à dessiner la ligne d'action, les lignes des épaules et des hanches, les principales articulations et à définir des proportions exactes.

Étape 2

Dessinez les contours du corps, des cheveux et du cartable. Passez ensuite aux traits du visage. Pensez au caractère du personnage. Cette collégienne de facture classique a les cheveux raides et de grands yeux innocents.

Étape 3

Passez maintenant aux vêtements. L'uniforme traditionnel d'une collégienne japonaise se compose d'une chemise, d'une cravate, d'un pull et d'une jupe plissée courte. Complétez-le avec des accessoires, une montre et des chaussures. Veillez à finaliser les détails et les textures à cette étape.

Étape 4

Encrez le dessin et gommez tous les traits superflus. Optez pour un tracé fin et léger pour créer une atmosphère légère. Vous pouvez faire des copies de votre dessin à l'encre pour expérimenter diverses combinaisons de couleurs avant d'appliquer les couleurs définitives.

Étape 5
Ajoutez la couleur en procédant des plus claires aux plus foncées. Si vous utilisez des marqueurs, veillez à ne pas exercer de pression trop forte. Employez de préférence un gris froid pour le pull et un gris plus chaud ou un brun pour le cartable. Par traits légers, rendez les textures de la jupe bleue et les mèches de cheveux châtains. Optez pour du rouge pour la cravate et du rose pour les barrettes, le bracelet-montre et les chaussures. Terminez par quelques touches de lumière avec un crayon gel à encre blanche ou de la peinture blanche acrylique. Des points blancs ajoutés aux yeux et aux bijoux les rendent plus lumineux et plus brillants.

Des accessoires expressifs

Comme les cheveux, les traits du visage et la forme du corps, les accessoires eux aussi racontent une histoire. Le cartable de l'écolière, ainsi que ses barrettes évoquent l'innocence de la jeunesse. Notez comment les accessoires contribuent à la définition du caractère du personnage.

L'amie des animaux Le collier de cette enfant agrémenté d'une clochette l'associe aux animaux qu'elle adore.

Le mauvais garçon Un élément aussi petit qu'une boucle d'oreille peut conférer à ce mauvais garçon un charme particulier.

La guerrière Une étoile ninja, une épée rutilante ou un pistolet classique reflètent le style de combat pratiqué par le personnage.

Le ninja

Après avoir abordé les personnages les plus courants, comme la collégienne et le héros masculin, peut-être aurez-vous envie de vous atteler à des personnages tout à la fois plus dynamiques et plus complexes. De ce point de vue, les ninjas sont des personnages des plus intéressants, du fait de leur vie mouvementée d'assassins et de leur extrême agilité.

Étape 1

Commencez par les formes de base et les lignes d'action. Pour ce ninja, il peut s'avérer difficile de distinguer la ligne d'action et les articulations en raison de la pose extrême du personnage. La longueur des bras et des jambes n'est pas modifiée, bien que le raccourcissement (voir pages 12 et 13) donne l'impression du contraire. Faites des essais afin de trouver une pose dynamique.

Étape 2

Esquissez les contours du corps et dessinez les traits. Le visage est dessiné pour que l'expression soit clairement définie. Donnez leur forme aux muscles, aux doigts et aux jambes. Avec cette pose d'action, il est nécessaire de reprendre votre dessin pour vous assurer que la pose n'est ni malhabile ni trop rigide. N'hésitez pas à travailler avec un miroir.

Étape 3

Dessinez les vêtements et les accessoires, y compris les armes, les sandales et les gants à pointes. Appliquez-vous pour le rendu des plis et des textures. Même si le visage du personnage est dissimulé, je vous recommande de dessiner ses traits pour établir sa personnalité et son expression.

Étape 4

Encrez le dessin en accentuant les détails. Comme le dessin se compose de nombreux éléments très proches les uns des autres, faites attention aux bavures et aux taches. Vous pouvez placer une petite règle sous votre main pour empêcher que les substances grasses de votre peau ne tachent le dessin.

Étape 5

En général, la palette de couleurs à utiliser pour le ninja est le noir. Vêtements, épée, sourcils, masque, etc. sont en gris très foncé et en noir. Utilisez un brun foncé pour le holster de cuisse et créez un contraste fort grâce aux tons chair clairs des doigts et du contour de l'œil. Ensuite, ajoutez des touches argentées à l'armure, aux pointes, au bandeau et au *shuriken* – ou étoile de jet. Conférez à votre personnage un regard bleu acier et pensez à ajouter des touches de lumière aux yeux et aux éléments métalliques.

Les principes de base du manga

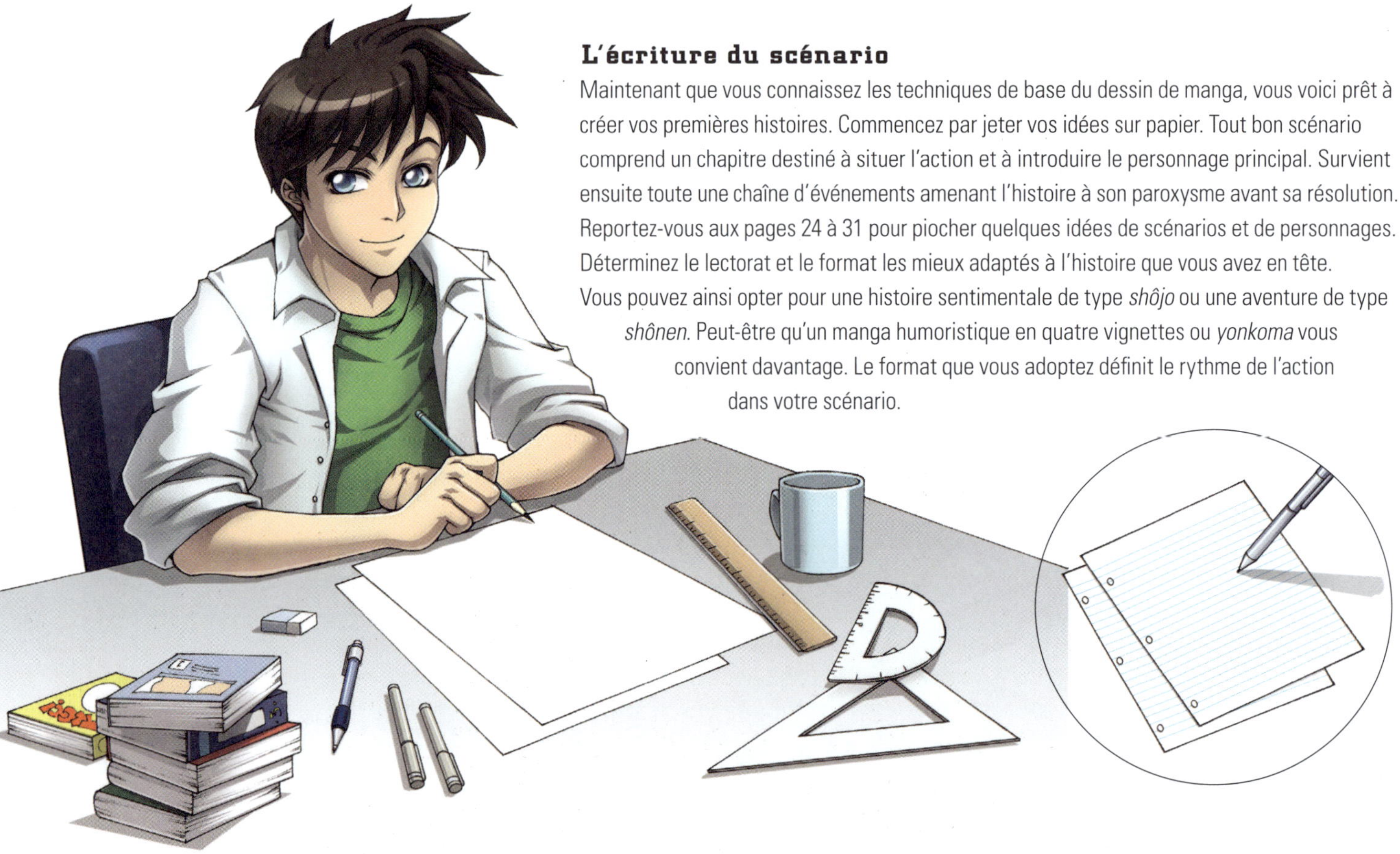

L'écriture du scénario

Maintenant que vous connaissez les techniques de base du dessin de manga, vous voici prêt à créer vos premières histoires. Commencez par jeter vos idées sur papier. Tout bon scénario comprend un chapitre destiné à situer l'action et à introduire le personnage principal. Survient ensuite toute une chaîne d'événements amenant l'histoire à son paroxysme avant sa résolution. Reportez-vous aux pages 24 à 31 pour piocher quelques idées de scénarios et de personnages. Déterminez le lectorat et le format les mieux adaptés à l'histoire que vous avez en tête. Vous pouvez ainsi opter pour une histoire sentimentale de type *shôjo* ou une aventure de type *shônen*. Peut-être qu'un manga humoristique en quatre vignettes ou *yonkoma* vous convient davantage. Le format que vous adoptez définit le rythme de l'action dans votre scénario.

L'écriture du script et la création des premières vignettes

Une fois que vous tenez votre histoire, écrivez-en le script, en étoffant les différentes scènes, les effets sonores et les dialogues. Puis, créez les vignettes, c'est-à-dire des croquis miniatures des planches et des expressions des personnages (voir l'exemple du script ci-dessous et des vignettes ci-contre). Vous pouvez réaliser les vignettes pendant ou après l'écriture du script. Le processus s'apparente à la création d'un storyboard de film, mais vous disposez de plus de latitude en matière de forme et de taille de vignettes.
Imaginez que vous êtes un réalisateur recourant à différents angles de caméra pour créer des atmosphères spécifiques. La mise en scène va permettre aux lecteurs de suivre facilement les transitions entre les vignettes et les bulles de dialogue. N'hésitez pas à tester différentes formes de vignettes pour une même scène afin de déterminer celle qui donne les meilleurs résultats.

> PAGE 1
>
> Vignette 1 : [Vue extérieure d'un collège]
>
> Vignette 2 : [Gros plan sur les pieds d'une collégienne en train de courir]
>
> Effet sonore : TP TP TP TP TP TP TP TP
>
> Vignette 3 : [Vue de face d'une collégienne en train de courir, l'air stressé car elle est en retard pour ses cours]
>
> Vignette 4 : [Gros plan sur la montre de la fille à son poignet droit]
>
> Pensée du personnage : Je peux y arriver !
>
> Vignette 5 : [Vue de profil de la collégienne courant à toute allure vers le portail du collège, avec des lignes indiquant la vitesse avec laquelle elle court. Expression déterminée sur le visage du personnage]
>
> Pensée du personnage : JE NE PEUX PAS ÊTRE EN RETARD !

Le crayonné et l'encrage

Avec le script, les vignettes et votre matériel de dessin, vous voici prêt à donner vie à votre manga ! À partir des conseils et des techniques que vous avez découverts dans la première partie de ce livre, vous pouvez commencer à dessiner votre manga.

La majorité des mangas étant imprimée en noir et blanc – à l'exception de la couverture et d'éventuelles pages d'ouverture de chapitres en couleur – vous finaliserez vraisemblablement votre travail à l'encre. Utilisez un marqueur noir à pointe fine pour encrer vos dessins ou testez d'autres types de crayons en fonction des effets que vous souhaitez obtenir. Notez les différences de graisse (ou d'épaisseur) dans l'illustration ci-contre, contribuant à créer toute une palette de textures. Exercez-vous au tracé sur du papier brouillon avant de passer votre manga à l'encre (voir pages 3 et 5 pour plus d'informations sur les crayons et l'encre).

Étape 1 En utilisant vos croquis comme point de repère, tracez les vignettes sur votre planche à l'aide d'une règle et d'un crayon.

Étape 2 Dessinez les formes et les caractéristiques de base de chaque vignette, sans oublier les bulles de dialogue.

Étape 3 Ajoutez les détails et finalisez votre crayonné. Enfin, passez votre dessin à l'encre pour l'accentuer.

Les effets spéciaux

Dans votre manga, n'hésitez pas à recourir à des effets sonores et à des indices visuels pour renforcer l'action. Ainsi, un « BANG !! » en gras et en capitales traduit le bruit assourdissant d'un impact ou les éclats d'une explosion. Vous pouvez aussi exprimer la vitesse par une multitude de lignes parallèles. Ces effets spéciaux contribuent à faire entrer plus encore vos lecteurs dans l'histoire.

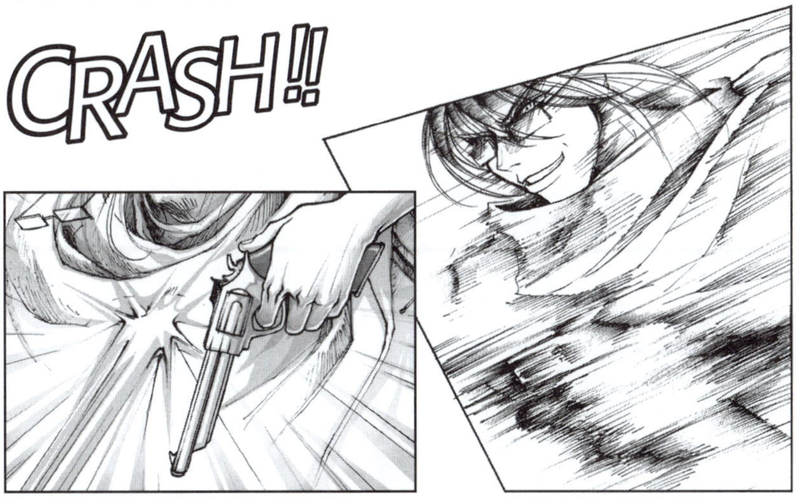

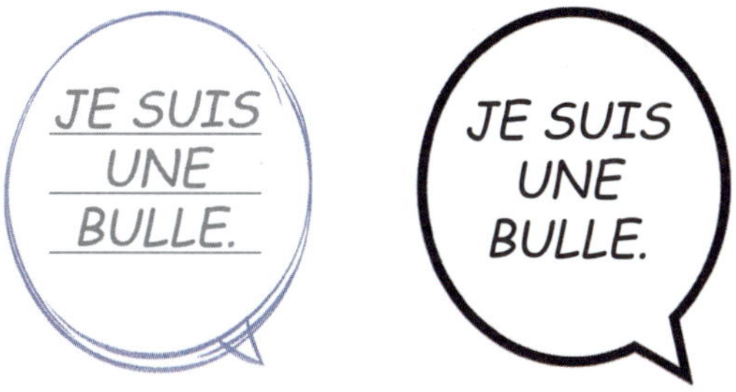

Le lettrage

La prédominance du mode visuel dans un manga ne vous dispense pas d'accorder le plus grand soin au dessin du texte. À la règle et au crayon, dessinez de légers repères dans les bulles, puis tracez les dialogues. Après avoir ajusté l'interlettrage au crayon, passez le texte à l'encre. Une autre option consiste à saisir le texte sur ordinateur, en expérimentant différentes polices, puis à coller le texte dans les bulles.

La finalisation de la planche

L'encrage terminé, gommez doucement les traits au crayon visibles en veillant bien à ne pas froisser le papier. Ajoutez ensuite les ombres et les textures au moyen de trames. Il ne vous reste plus qu'à admirer votre planche ! Vous avez franchi avec succès la première étape pour devenir un *mangaka* !

Pour la finalisation, vous pouvez essayer le lavis ou encore scanner votre planche une fois encrée et ajouter des trames et un lettrage numérique. Les techniques de finalisation ne manquent pas. N'hésitez pas à faire des essais afin de découvrir votre propre style !

Choisir son genre de manga

Il est parfois difficile de passer à la pratique et de commencer à créer son manga, en dépit des principes acquis, tant les genres de mangas sont nombreux. Lequel choisir ? Si vous hésitez, demandez-vous quel genre de mangas vous aimez lire. Faites le test page suivante pour découvrir votre style et des idées pour vous mettre le pied à l'étrier !

Quel *otaku* êtes-vous ?

Un *otaku* est un passionné de mangas. Répondez aux questions ci-dessous pour découvrir le genre de mangas qui vous convient le mieux.

1) Mes mangas préférés me font :

A. Transpirer.
B. Pleurer.
C. Rire.
D. Tout cela à la fois !

2) Ce que j'aime faire en rentrant chez moi :

A. Jouer à mon jeu vidéo préféré, un jeu d'actions naturellement !
B. Appeler des amis ou ma petite amie/mon petit ami pour bavarder.
C. Cuisiner, écouter de la musique, faire de l'exercice.
D. Toutes ces activités me plaisent. Tout dépend de mon humeur.

3) Si j'avais des superpouvoirs, je les utiliserais pour :

A. Être à la tête d'un escadron d'élite avec pour mission de sauver le monde.
B. Lutter contre le mal et consoler les cœurs blessés.
C. Gagner des compétitions et diffuser mes activités préférées dans le monde.
D. J'hésite. Il y a trop de choses que j'aimerais faire !

4) Je suis plutôt :

A. Un(e) guerrier(ère).
B. Un(e) amoureux(se).
C. Un(e) actif(ve).
D. Tout cela à la fois !

5) Sur les murs de ma chambre s'affichent :

A. Des posters grandeur nature de mes héros préférés.
B. Des photos de mes amis et de ma famille, des images d'animaux, des fleurs ou des créations sympas.
C. Des posters de mes équipes sportives ou de mes groupes préférés.
D. Tout cela à la fois !

6) Au centre commercial, on me trouve généralement au rayon :

A. Électronique ou jeux vidéo.
B. Accessoires, vêtements, mode ou animalier.
C. Musique, articles de sport ou de cuisine.
D. Dans un supermarché, où on trouve tout !

7) L'adjectif qui me correspond le mieux :

A. Aventureux.
B. Sentimental.
C. Enthousiaste.
D. Tout cela à la fois !

8) Si j'étais un personnage de manga, je serais :

A. Un samouraï ou un guerrier de l'espace.
B. Une fille dotée de pouvoirs magiques ou un(e) amoureux(se) maudit(e).
C. Un héros aux multiples talents.
D. N'importe quel personnage.

Résultats. Si vous avez :

Une majorité de A : Vous êtes un *otaku héroïque.* Vous vous reconnaissez dans des valeurs comme l'amitié, la persévérance et la victoire, et vous adorez l'aventure, les arts martiaux et les histoires qui vous emportent aux confins de l'univers. Ajoutez des robots et quelques monstres, et vous tenez votre manga ! Pour votre histoire, envisagez un personnage de ninja ou situez votre histoire sur une planète étrange peuplée de dragons, de sorciers et de créatures fantastiques.

Une majorité de B : Vous êtes un *otaku romantique.* Vous ne jurez que par la passion et les grands sentiments et vous ne savez pas résister aux histoires mettant en scène des filles aux pouvoirs magiques, des jeunes héros et des couples d'amoureux. Les relations intimes, le bonheur et le style personnel sont importants pour vous. Lancez-vous dans une histoire d'amour épique se déroulant à votre époque préférée ou mettez en scène des histoires dramatiques tirées de votre vie de tous les jours, mais avec une touche de magie !

Une majorité de C : Vous êtes un *otaku aux loisirs multiples.* Vous vous passionnez pour les sports, les jeux, l'art performance, la nourriture, de sorte que les histoires impliquant ces activités populaires vous séduiront. Pour ajouter une touche dramatique, piochez dans les mangas inspirés des jeux de société ou concoctez une histoire avec pour sujet une version extrême de votre loisir préféré.

Une majorité de D : Vous êtes un *otaku éclectique.* Vous appréciez tous les genres de mangas et en redemandez sans cesse. Vous pouvez ajouter un animal familier ou une mascotte dans vos histoires ou créer des personnages décalés aux talents multiples qui vous permettront d'exprimer tous vos centres d'intérêt. Les possibilités sont infinies !

Les personnages incontournables

Nombreux sont les types de personnages qui peuplent les univers mangas, des filles dotées de pouvoirs magiques menant des vies secrètes aux méchants sinistres qui ne cessent de défier nos héros courageux. À partir du genre de manga qui vous séduit le plus – héroïque, romantique, loisirs ou éclectique – vous pouvez sélectionner les personnages qui apparaîtront dans votre histoire. Commencez par choisir votre protagoniste et par réfléchir aux relations qu'il ou elle entretient avec les autres personnages de l'histoire.

Une histoire captivante suit un protagoniste au travers d'un voyage de découverte et de cheminement personnel, que le personnage principal soit un héros engagé dans une quête épique ou un étudiant ordinaire menant une vie banale. Tous les personnages de l'histoire contribuent au cheminement du protagoniste et peuvent faire office d'allié, de rival, de partenaire amoureux ou d'ennemi. Vous pouvez également décider de vous focaliser sur plusieurs protagonistes ou d'ajouter des personnages à des fins comiques. Quels que soient vos choix de personnages, veillez bien à les dépeindre dans des situations mettant en valeur leur traits de personnalité prédominants, suscitant de nombreuses interactions et permettant leur développement respectif.

Nekomimi (fille aux oreilles de chat) Vous aimez les chats ? Ajoutez une touche féline à votre manga grâce à ce personnage, très courant dans les mangas, dont les origines remontent au *bakaneko*, chat doté de pouvoirs de transformation dans le folklore japonais.

***Chibi* Dessinez des versions chibis de vos personnages pour les scènes comiques ou faites-en les personnages de vos mangas !**

Animaux Ajoutez des mascottes, des animaux de compagnie ou des créatures géantes à vos histoires. Vous pouvez également centrer l'histoire sur le lien entre un personnage et son animal de compagnie.

Héros et méchants Dans la « brochette » populaire des bons et des méchants figurent les ninjas, les vampires et les chevaliers. Opposez-les dans votre scénario pour créer une histoire pleine de rebondissements !

Fille dotée de pouvoirs magiques Les identités secrètes vous fascinent ? Incluez parmi vos personnages une collégienne qui se transforme en héroïne dotée de pouvoirs magiques !

Domestique De nombreuses comédies romantiques mettent en scène des couples formés par une jolie domestique et un garçon ordinaire. Ajoutez une touche moins conventionnelle en la présentant comme studieuse ou maladroite.

Otaku Littéralement, le terme japonais *otaku* désigne toute personne passionnée par un loisir ou une activité, des jeux vidéos aux mangas. Mettez en scène ce type de personnage pour raconter comment un garçon banal peut accéder à l'amour et à la reconnaissance grâce à sa noblesse de cœur.

Puiser l'inspiration dans la vie réelle

La plupart des dessinateurs s'inspirent de leurs expériences et de leurs sentiments pour créer leurs mangas. Vous pouvez ainsi inventer une histoire d'amour fondée sur vos propres expériences ou un récit fantastique dévoilant vos espoirs les plus profonds ou les plus fous ou encore relater en manga la vie mouvementée de l'un de vos proches.

Une autre technique pour inventer des histoires et des personnages consiste à chercher l'inspiration autour de soi. Les personnes ordinaires que vous voyez et rencontrez tous les jours peuvent servir de base à des personnages captivants. Prenez le temps d'observer les gens autour de vous et d'imaginer leur histoire.

Une famille moyenne Un jeune couple et leur fille en sortie à la fête foraine installée dans leur ville.

Une petite fille Cette petite fille a gagné un animal en peluche au palet.

Une jeune femme Une jolie jeune femme demande son chemin à l'officier de police.

Un officier de police Ce séduisant jeune homme est peut-être un adepte des arts martiaux.

Un couple d'adolescents Ce jeune couple peut être formé par le capitaine de l'équipe de football et la capitaine des pom pom girls.

Transposer en style manga

Reste à transformer les gens que vous croisez tous les jours en personnages de manga. Exploitez le potentiel manga de votre famille, de vos amis, de vos camarades de classe ou de vos collègues. C'est *votre* manga, alors laissez libre cours à votre imagination. Les personnages sont votre création, mais rien ne vous empêche de piocher chez vos proches certains de leurs traits ou de leurs caractéristiques.

L'animal familier **Cette peluche devient ici un personnage secondaire très énergique.**

La famille de superhéros **La famille ordinaire de la fête foraine s'est métamorphosée en équipe de combattants du crime intergalactiques, avec des tenues futuristes et des gadgets géniaux.**

La prêtresse
Une jeune fille ordinaire peut devenir une *miko*, c'est-à-dire une prêtresse dotée d'une immense énergie spirituelle et capable de lire l'avenir et de communiquer avec les dieux anciens.

Le samouraï Ce guerrier obéit à un code de l'honneur strict, similaire à celui de son homologue contemporain, l'officier de police.

Le couple royal Reconnaissez-vous ce prince fringant et l'élue de son cœur ? Gagné, c'est notre jeune couple d'adolescents de la fête foraine.

La vie en manga

Félicitations ! Vous êtes en bonne voie de devenir un *mangaka* ! Les techniques et conseils présentés dans cet ouvrage vous ont permis de vous familiariser avec l'art du manga et de vous mettre le pied à l'étrier pour créer vos premières histoires. Mais votre voyage ne fait que commencer ! Pour étoffer vos aptitudes nouvellement acquises, nous vous recommandons de dessiner tous les jours. Testez différents styles, sujets et matériaux. Emportez votre carnet de croquis partout avec vous et entraînez-vous à dessiner les gens et les objets autour de vous. Souvenez-vous que vous pouvez puiser votre inspiration dans vos mangas et vos films d'animation préférés, vos propres expériences et tout ce qui vous entoure.

Nous vous confions la mission suivante : allez dans le monde et propagez la folie manga !

Traduit de l'anglais par Laurence Richard.
Réalisation de la version française : Facompo.
Couverture : Solenne Siben

23, rue de l'École-de-Médecine, 75006 Paris, France.
ISBN : 978-2-7114-2418-4
Dépôt légal : mars 2016
Achevé d'imprimer en Chine.